Entspannung durch Telepathie

Tara Ward

Entspannung durch Telepathie

Entdecken Sie spielerisch Ihre telepathischen Fähigkeiten

Bechtermünz

Erstmals veröffentlicht unter dem Titel
The Telepathy Kit
von Arcturus Publishing Limited

Deutsche Erstausgabe

Layout: Zeta @ Moo
Illustrationen: Neil Puddephatt
Umschlaggestaltung: Külen & Grosche, Augsburg
Koordination und Bearbeitung der deutschen Ausgabe:
Meidenbauer · Martin Verlagsbüro, München
Druck: Freiburger Graphische Betriebe

Printed in Germany

ISBN 3-8289-4847-2

INHALT

EINLEITUNG

TELEPATHIE WIRD OFT MIT DEM ÜBERNATÜRLICHEN IN ZUSAMMENHANG GEBRACHT UND MIT EINER MAGISCHEN AURA UMGEBEN. Dieses Buch geht an das Thema anders heran. Es nähert sich dem Phänomen Telepathie in einer weitaus rationaleren und pragmatischeren Weise.

Dieses Buch hilft Ihnen, sich zu entspannen, mit Telepathie zu experimentieren und Spaß dabei zu haben. Sie werden Ihre eigenen geistigen Fähigkeiten erweitern und neue Ideen entwickeln, auf die Sie vorher vielleicht noch nie gekommen sind.

Telepathie beruht zu einem großen Teil auf der Fähigkeit, sich zu entspannen und die eigenen Gedanken zu ordnen. Beides gleichzeitig erfordert etwas Übung, doch Sie profitieren davon auch in anderen Bereichen Ihres Lebens! Durch die Fähigkeit, sich besser zu entspannen und zu konzentrieren, werden Sie bei fast allem, was Sie tun, mehr Erfolg haben. Sie können Ihre sozialen Kontakte verbessern, Ihre Aufgaben im Beruf und in der Familie besser bewältigen, Ihre Freizeit schöner gestalten und sogar Ihr wahres Ich finden. Telepathie hat also eine Reihe wunderbarer Nebeneffekte!

Wissen Sie eigentlich, was Telepathie ist? Es ist die Fähigkeit, die Gedanken eines anderen lesen zu können. Nehmen Sie dies als Ausgangsbasis. Wie ist es möglich, dass jemand die Gedanken eines anderen lesen kann? Immerhin sind wir alle einzigartig, wir haben alle ein eigenes Gehirn und eigenständige Gedankengänge. Warum sollte jemand anders sie lesen können?

Der im Folgenden beschriebene Tierversuch zeigt erstaunliche Fähigkeiten bei Affen. Es handelt sich hierbei übrigens nicht um eine Theorie, sondern um ein tatsächlich durchgeführtes Experiment. Der Versuch ist ein weithin bekanntes Beispiel für etwas, das wir als telepathische Fähigkeiten bezeichnen können. Er ist unter dem Namen *„Das Prinzip des hundertsten Affen"* bekannt.

DAS PRINZIP DES HUNDERTSTEN AFFEN

Der Biologe Lyall Watson erforschte das Verhalten von Affen. Er lehrte einer auf einer Insel lebenden Affengruppe neue Verhaltensweisen. Überraschenderweise zeigte eine Affengruppe auf einer anderen Insel das gleiche Verhalten, *obwohl es offensichtlich keine Kommunikation zwischen beiden Gruppen gegeben hatte.*

Auf den ersten Blick scheint es hierfür keine Erklärung zu geben. Aber wenn Sie darüber nachdenken, werden Sie wahrscheinlich selbst schon ähnliche „telepathische" Erfahrungen in Ihrem Leben gemacht haben. Wussten Sie einmal bereits beim Klingeln des Telefons, wer anruft? Hatten Sie plötzlich den Wunsch jemanden anzurufen, ohne zu wissen warum, und erfuhren Sie schließlich, dass der Angerufene Sie gebraucht hat? Haben Sie schon einmal Ihr Haustier gesucht – eine Sekunde später stand es neben Ihnen, als ob es wusste, dass Sie es suchen?

Dies alles sind Beispiele, wie man sich auf die Wellenlänge eines anderen ohne erkennbare verbale, akustische oder visuelle Verbindung einstimmen kann. Wenn Sie also jemanden weder gesehen, gehört noch gesprochen haben, um mit ihm in Verbindung zu treten, woher haben Sie dann diese Information?

Man kann den Menschen als Energieform betrachten. Diese Art physikalischer Energie ist Ihnen sicherlich durch das Gefühl, körperlich energiegeladen bzw. müde zu sein, bekannt. Wahrscheinlich wissen Sie auch, dass es geistige und emotionale Energien gibt. Manchmal fühlen wir uns geistig wach und lebendig, manchmal ist unser Geist träge und abgeschaltet. Wir können uns emotional beflügelt und energiegeladen, aber auch erschöpft und kraftlos fühlen.

Wir Menschen stellen uns ständig auf diese unterschiedlichen Energien ein. Oft sehen wir auf den ersten Blick, ob sich jemand fit oder müde fühlt. Für diese Erkenntnis brauchen wir den Betreffenden nicht unbedingt gesehen zu haben. Wir hören es bereits an seiner Stimme oder spüren es durch seine Ausstrahlung.

Haben Sie schon einmal einen Ort betreten und waren sofort von seiner wunderbaren Stimmung gefangen? Ein anderer Platz wiederum vermittelt Ihnen ein Gefühl von Düsternis und Depression. Dabei ist es nicht nötig, die Umgebung zu sehen, um die Atmosphäre wahrzunehmen. Auch blinde Menschen spüren die Ausstrahlung eines Raumes. Ein Gefängnisgebäude besitzt eine wesentlich andere Energie als ein Krankenhaus, das sich energetisch wiederum von einer Schule oder einer Fabrik unterscheidet. Jeder Raum spiegelt wider, was in ihm vorgeht und wer ihn bewohnt.

Das führt uns zu der Feststellung, dass die unterschiedlichen menschlichen Energien Einfluss auf die Umgebung haben. Gibt es Menschen, die Sie gerne sehen, da Sie sich in ihrer Anwesenheit wohl fühlen? Ihre Energien verbinden sich dabei und schaffen miteinander eine wohltuende Umgebung. Gibt es andererseits Menschen, die Sie meiden, weil Sie sich nach einer Begegnung mit ihnen müde und gereizt fühlen? In diesem Fall prallen Ihre Energien aufeinander und erzeugen in Ihnen ein ungutes Gefühl.

Sind Sie schon einmal inmitten einer Konfrontation gestanden? Das belastet die Nerven und erzeugt ein energetisch belastendes Gefühl. Ganz anders ist es, wenn Sie einen Menschen oder eine Umgebung um sich haben, der oder die Ihnen ein Gefühl des Friedens vermittelt. Oft geschieht dies, wenn Sie sich eine Massage gönnen oder einen Spaziergang in der Natur machen.

Wie Sie sehen, werden wir sehr stark von den unterschiedlichsten Energien beeinflusst und reagieren auch sehr unterschiedlich auf unsere Umgebung. Lassen Sie uns nun ergründen, was dabei alles mit den Gedanken geschehen kann.

Welche Art von Energie hat ein Gedanke? Denken wir uns einmal ein Beispiel aus. Stellen Sie sich einen Menschen vor, der alleine in einem Raum sitzt und der einem anderen Menschen, von dem er sich angegriffen fühlt, vernichtende Gedanken zusendet. Was für eine Atmosphäre hat er geschaffen? (Bedenken Sie, dass er weder spricht noch handelt – er denkt nur.) Jetzt stellen Sie sich dieselbe Person vor – voller Liebe und Dankbarkeit für etwas, das in ihrem Leben geschehen ist. Sie fühlt sich wunderbar, voller Freude und Glück. Würden Sie sagen, dass es einen spürbaren Unterschied zwischen den Energien dieser beiden Gedanken gibt? Stellen Sie sich vor, wie es Ihnen ginge, wenn Sie neben dem Menschen säßen, der wütend ist – besonders wenn er es für längere Zeit wäre. Jetzt stellen Sie sich vor, wie Sie sich neben dem fröhlichen Menschen fühlen würden. Der Unterschied ist nicht von der Hand zu weisen.

Die folgende Abbildung stellt die Energiewellen dar, die diese beiden unterschiedlichen Arten von Gedanken erzeugen können. Welche veranschaulicht Zorn, welche Zufriedenheit?

Zufriedenheit

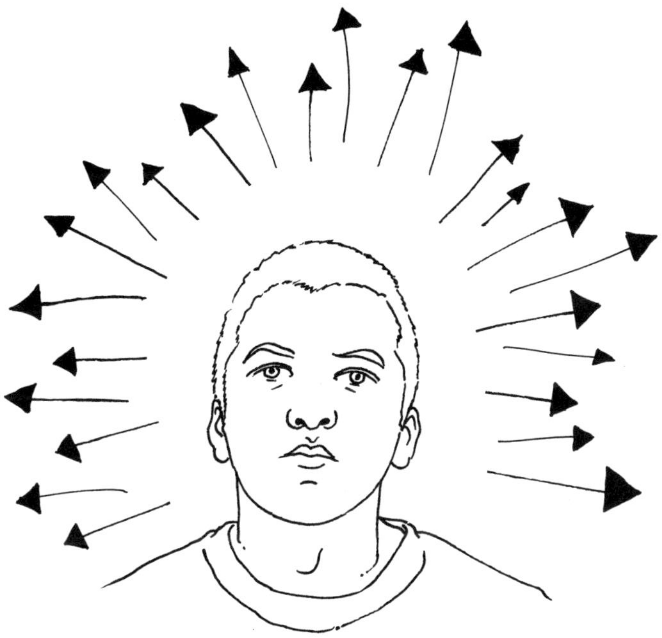

Zorn

In Anlehnung an diese Überlegung kann man sagen, dass jeder Gedanke eine eigene Energieform besitzt. Diese Energie existiert nicht einfach nur im Geist eines Menschen, sondern wird wie eine Welle aus dem Körper hinaus in die Atmosphäre getragen. Sehen Sie, wie Sie langsam verstehen, wie Telepathie funktioniert? Wenn jeder Gedanke eine Energieform besitzt und jeder Mensch auf diese unterschiedlichen Energieformen reagiert, ist es dann nicht möglich, dass jeder lernen kann, diese unterschiedlichen Gedanken wahrzunehmen und darauf zu antworten?

Dies ist nahe liegender als es vielleicht auf den ersten Blick erscheinen mag. Neben dem bereits erwähnten „Prinzip des Hundertsten Affen" gibt es eine Reihe weiterer wissenschaftlicher Studien über das Verhalten von Tieren. Wissenschaftler und Verhaltensforscher untersuchen schon lange, wie einzelne Tiergruppen bestimmte Verhaltensmuster scheinbar kennen und verstehen, ohne diese gelernt zu haben. Dies hat viele Menschen zu der Annahme veranlasst, dass Tiere telepathische Fähigkeiten besitzen.

Wie Sie wahrscheinlich wissen, benutzen wir Menschen nur einen geringen Teil unseres Gehirns. Manche Wissenschaftler sprechen von etwa 15%. Der übrige Teil unseres Gehirns erfüllt einen anderen Zweck. Telepathie bietet vielleicht die Gelegenheit, einen größeren Teil unseres geistigen Potenzials zu nutzen! Betrachten Sie die folgenden Experimente:

TELEPATHIE MIT HUNDEN

Einige Hunde wurden allein zu Hause gelassen. Die Besitzer wurden gebeten, den Zeitpunkt ihrer Rückkehr zu variieren und zusätzlich verschiedene Heimwege zu nehmen, die unterschiedlich viel Zeit in Anspruch nahmen. Es wurden Videokameras über den Haustüren dieser Wohnungen angebracht, um die Hunde zu filmen.

Eine große Anzahl von Hunden stand immer genau dann auf und ging erwartungsvoll zur Tür, wenn ihre Besitzer daran *dachten*, nach Hause zu kommen. Wie Sie wissen, waren dabei weder Zeit noch Ort für die Entscheidung der Besitzer, nach Hause zu gehen, vorgegeben. Demnach reagierten die Hunde nicht auf eine eingespielte Routine.

VOGELSCHWÄRME

Wissenschaftler haben lange gerätselt, warum viele Tierarten, wie z. B. Vögel, schwarmweise in vollendeter Symmetrie zusammen fliegen können, ohne jemals aneinander zu stossen und sich gegenseitig zu verletzen. Wenn Sie schon einmal einen großen Vogelschwarm dicht zusammen fliegen gesehen haben, werden Sie verstehen, warum manche Menschen glauben, dass es sich hierbei um eine Art Telepathie handelt. Einige Hundert Vögel fliegen im Schwarm, schwingen sich dann unerwartet herab und landen gemeinsam. Einige Sekunden später starten sie wieder als Einheit und fliegen in perfektem Verbund davon. Auch bei Fischschwärmen hat man Ähnliches beobachtet. Gibt es eine Art telepathische Kommunikation, die es diesen Geschöpfen ermöglicht, sich so zu geben, als seien sie nur ein einziges Lebewesen?

Auch Menschen weisen natürlich Anzeichen telepathischer Fähigkeiten auf, wie die folgenden Beispiele zeigen.

EDGAR CAYCE

Edgar Cayce (1877–1945) ist einer der bekanntesten Hellseher oder Telepathen. Dr. Cayce war Zeit seines Lebens fähig, die Krankheiten von Tausenden Patienten zu diagnostizieren, indem er in einen tiefen, tranceähnlichen Schlaf verfiel. Dadurch erhielt er telepathische Informationen über die Krankheit seiner Patienten. Er selbst war kein ausgebildeter Arzt, sondern gelernter Fotograf. Seine Diagnosefähigkeiten waren also nicht auf ein Studium zurückzuführen. Seine gesammelten Aufzeichnungen sind uns als Nachlass seines außergewöhnlichen Talents erhalten geblieben. Sie überzeugen selbst Skeptiker. Über Edgar Cayce sind viele Bücher veröffentlicht worden, die für jeden Telepathie-Interessierten eine faszinierende Lektüre sind.

TELEPATHISCHE SPIONAGE

In den letzten Jahren haben verschiedene Nachrichtendienste, wie beispielsweise der CIA, offenkundig mit Telepathie experimentiert, um in anderen Ländern Spionage zu betreiben. Ein bekanntes Zeugnis darüber ist das Buch *„Psychic Warrior“* von David Morehouse, in dem mehrere Fälle von angeblicher telepathischer „Spionage“ näher beschrieben werden. Es ist zwar schwierig, die Richtigkeit dieser Angaben zu überprüfen, es scheint jedoch eindeutige Hinweise darauf zu geben, dass Versuche dieser Art in einigen Ländern jahrelang hinter verschlossenen Türen stattfanden.

DER SCHAF-ZIEGE-EFFEKT

Im Laufe der Jahre wurden viele telepathische Versuche (die nichts mit Spionage zu tun hatten) an Menschen unternommen – die Ergebnisse waren unterschiedlich. Die Parapsychologin Gertrude Schmeidler machte bei ihren Versuchsreihen zwischen 1942 und 1951 sehr interessante Entdeckungen, die im Allgemeinen als der Schaf-Ziege-Effekt bekannt wurden. Ihre Versuchspersonen wurden zu Beginn der Testreihe gefragt, ob sie an telepathische Fähigkeiten glauben oder nicht. Diejenigen, die daran glaubten, wurden „Schafe" genannt. Diejenigen, die nicht daran glaubten, nannte man „Ziegen". Die Ergebnisse dieser Versuche, die sich über neun Jahre hinzogen, wurden protokolliert und analysiert. *Dabei stellte man fest, dass die „Schafe" durchgehend mehr Punkte erzielten als die „Ziegen".* Zum besseren Verständnis betrachten Sie bitte die Tabelle auf der nächsten Seite.

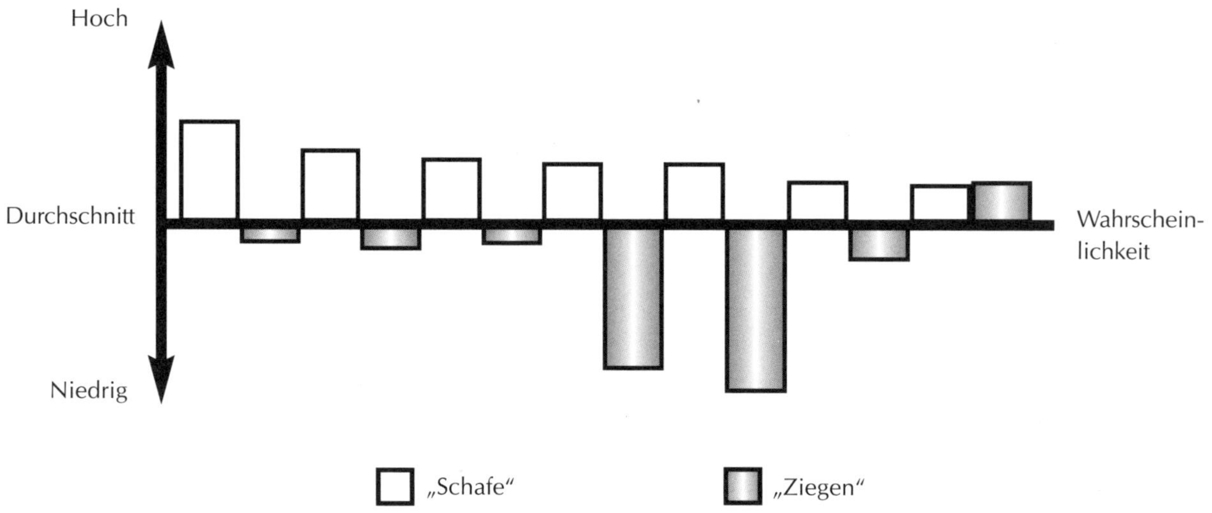

Diagramm der Schaf-Ziege-Versuchsreihe, die von Gertrude Schmeidler zwischen 1941 und 1951 durchgeführt wurde.

Diese Beispiele lassen vermuten, dass Menschen und Tiere wahrscheinlich zu mehr fähig sind als uns bisher bekannt war. Das zuletzt genannte Beispiel verdeutlicht, dass unsere Leistungsfähigkeit sehr stark von unserer Einstellung abhängt. Oft sind wir skeptisch, denn solange etwas für uns nicht sichtbar ist, neigen wir dazu, seine Existenz anzuzweifeln. Benutzen wir, Telepathie zur Erweiterung unseres Bewusstseins erhalten wir bei den telepathischen Versuchen sofort ein sichtbares Ergebnis. Wir erkennen schnell, wann wir das gewünschte Resultat erzielt haben, und wann es von unseren Vorstellungen abweicht.

Im nächsten Schritt werden die Vorbereitungen gezeigt, die nötig sind, um erste Erfahrungen mit Telepathie zu machen.

KAPITEL I

VORBEREITUNG

WENN SIE MIT TELEPATHIE ARBEITEN, SOLLTEN SIE SICH IN EINEM KÖRPERLICH UND GEISTIG VÖLLIG ENTSPANNTEN ZUSTAND BEFINDEN. Viele Menschen verbringen ihr ganzes Leben in ständiger Hast und Unruhe. Besonders in unserer modernen westlichen Gesellschaft sind wir oft damit beschäftigt, von einem Termin zum nächsten zu hetzen. Wir versuchen, täglich ein großes Arbeitspensum zu bewältigen und fühlen uns schuldig und gestresst, wenn wir nicht all das erledigen, was wir uns vorgenommen haben. Nur sehr selten nehmen wir uns die Zeit innezuhalten, uns hinzusetzen, langsam und tief durchzuatmen und uns zu fragen, wie wir uns wirklich fühlen. Dieser Vorgang des Innehaltens, um sich bewusst zu machen, was in einem und um einem herum vorgeht, ebnet Ihnen den Weg zu erfolgreichen telepathischen Versuchen. Wie bereits anfangs erwähnt, wird Ihnen diese Entspanntheit in allen Lebensbereichen nützlich sein.

Wahre Entspannung liegt in der Tiefe der Atemzüge. Haben Sie sich schon einmal auf Ihre Atmung konzentriert? Die meisten von uns neigen zu der so genannten Flachatmung. Dabei füllen wir nur einen Teil der Lungen mit Luft. Das Ziel dieser Übung ist es dagegen, mit jedem Atemzug die gesamte Lunge zu füllen. Wussten Sie, dass sich mehr als eine Billion mikroskopischer Bläschen – genannt Alveolen – in unseren beiden Lungenflügeln befinden? Diese winzigen Lungenbläschen sollten sich bei jedem Ein- und Ausatmen ausdehnen und wieder zusammenziehen. Häufig benutzen wir nur eine kleine Anzahl dieser Bläschen, da wir viel zu selten tiefe Atemzüge machen. Die folgenden Übungen sollen Ihnen helfen, Ihre Aufmerksamkeit auf die richtige Atmung zu lenken!

Legen Sie zunächst Ihre Hände auf den Brustkasten, wobei sich Ihre mittleren Fingerspitzen leicht berühren sollten. Sie können dabei entweder stehen oder sitzen, aber achten Sie darauf, dass sie Ihre Schultern durchdrücken und Sie nach vorn schauen. Atmen Sie jetzt tief durch die Nase, nicht durch den Mund ein. Entfernen sich dabei Ihre Fingerspitzen voneinander? Heben sich dabei Ihre Schultern? Atmen Sie wieder aus. Senken sich Ihre Schultern dabei? Nähern sich Ihre Fingerspitzen wieder? Betrachten Sie hierzu die Abbildung auf Seite 18.

Sie sollten mit Position eins anfangen. Während des Einatmens sollten Ihre Finger wie in Position zwei sein. Während des Ausatmens sollten Sie wieder zu Position eins zurückkehren. Dabei ist zu beachten, dass sich Ihre Schultern nicht bewegen sollten! Durch Flachatmung wird nur der obere Rumpfbereich mit Luft gefüllt.

Versuchen Sie es noch einmal, aber stellen Sie sich dieses Mal beim Einatmen (durch die Nase) vor, dass Sie auch Ihren Bauch und den Bereich um den Bauchnabel mit Luft füllen. Stellen Sie sich vor, Ihre Schultern würden von leichten Gewichten nach unten gezogen. Atmen Sie langsam wieder aus. Erkennen Sie den Unterschied?

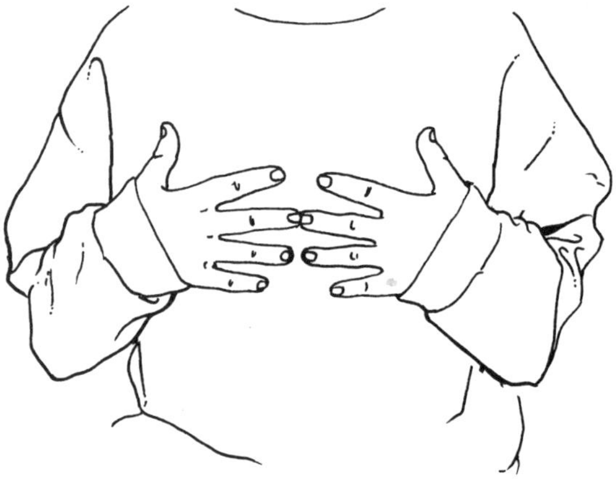

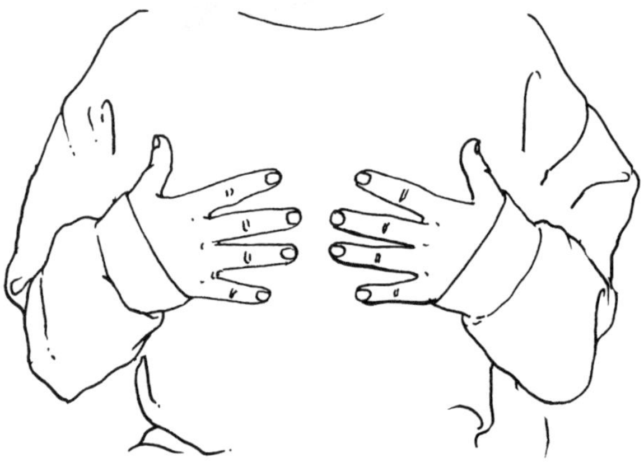

Diese Art des tiefen, entspannten Atmens ist eine wunderbare Methode, um den Geist zu erfrischen. Nehmen Sie sich jedes Mal, wenn Sie sich gestresst fühlen, eine Minute Zeit, um zu üben: vor einem wichtigen Geschäftstreffen, wenn Ihre Kinder streiten, wenn Sie sich verspätet haben und in einem Stau stecken, wenn Sie das Gefühl haben, dass jemand einen Streit vom Zaun brechen will, wenn Sie müde oder angespannt sind oder alles satt haben und deprimiert sind. Benutzen Sie Ihre Atmung, um jede Art von Stress abzubauen. Bereits wenige Minuten Bauchatmung geben Ihnen ein Gefühl der Erleichterung. Diese Übung kann dazu beitragen, jede schwierige Situation zu bewältigen. Manche empfehlen, bis zehn zu zählen, bevor man eine schwierige Aufgabe angeht. Versuchen Sie es stattdessen einmal mit zehn tiefen Atemzügen!

Haben Sie sich nach einiger Zeit an Ihre tiefen Atemzüge gewöhnt und den wohltuenden Effekt gespürt, dann sollten Sie einen Schritt weiter gehen: Lernen Sie, Ihre Aufmerksamkeit zu konzentrieren. Wenn es Ihnen an Konzentrationsfähigkeit mangelt und Sie sich fortwährend ablenken lassen, werden Sie Schwierigkeiten haben, telepathisch zu arbeiten. Versuchen Sie folgende Übungen:

10

987654321

Eine sehr effektive Methode ist das Konzentrieren auf Zahlen. Beginnen Sie diese Übung indem Sie Ihr Augenmerk auf die Atmung lenken. Schließen Sie die Augen. Sobald Sie sich entspannt und ruhig fühlen, atmen Sie ein und denken dabei an die Zahl 10. Atmen Sie aus und denken Sie an die 10! Wiederholen Sie diesen Vorgang mit den Zahlen von 9 bis 1. Konzentrieren Sie sich dabei ausschließlich auf die Zahl. Das ist zu Beginn schwieriger als es klingt! Möglicherweise schweifen Ihre Gedanken zu einem Kind dieses Alters ab, oder Sie denken schon an die nächste Zahl. Vielleicht beginnen Sie darüber nachzudenken, wie viel Zeit diese Übung in Anspruch nehmen wird oder was als Nächstes zu tun ist, oder ob Sie sich die Nase reiben sollten, die gerade juckt.

Halten Sie Ihre Augen während der Übung geschlossen. Es ist außerordentlich schwierig, alle Gedanken nur auf eine einzige Sache zu konzentrieren. Sollten Sie sich dabei ertappen, an etwas anderes zu denken als an die Zahl, gehen Sie zur 10 zurück und beginnen Sie noch einmal von vorne. Wahrscheinlich werden Sie anfangs ziemlich oft zur 10 zurückkehren! Ärgern Sie sich nicht, wenn Sie merken, dass es Ihnen schwer fällt, sich zu konzentrieren. Meiden Sie jeden negativen Gedanken und kehren Sie zu den Zahlen zurück. Nach einigen Versuchen fällt Ihnen die Übung zunehmend leichter.

Vielleicht gelingt es Ihnen leichter, sich auf eine Kerze zu konzentrieren. Das weiche und Wärme spendende Licht der Flamme kann Ihnen helfen, loszulassen und den Alltagsstress zu vergessen. Achten Sie bei der Kerze jedoch immer darauf, dass sie sicher steht und gefahrlos abbrennen kann.

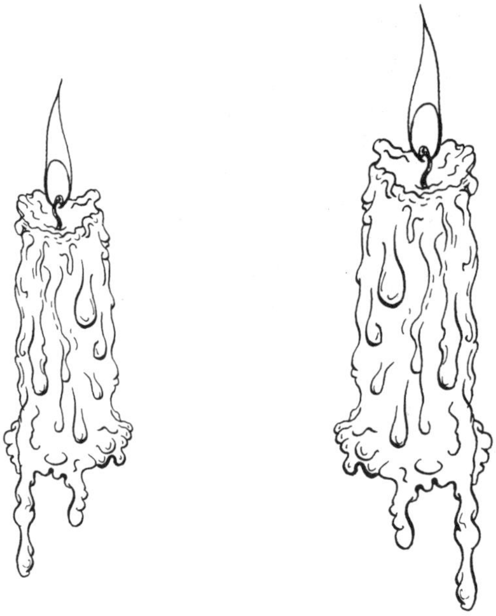

Setzen Sie sich vor die Kerze und zünden Sie sie an. Richten Sie Ihren Blick auf die Flamme und atmen Sie dabei langsam und tief ein und aus. Konzentrieren Sie sich darauf, zu entspannen und genießen Sie das Gefühl des tiefen Atmens. Blicken Sie noch ein paar Minuten länger in die Flamme. Vermeiden Sie dabei zu blinzeln. Schließen Sie jetzt Ihre Augen. Wahrscheinlich werden Sie immer noch die Kerzenflamme vor ihrem geistigen Augen „sehen". Stellen Sie sich vor, das Licht nähert sich Ihrem Herzen. Die Flamme soll Sie entspannen, wärmen und Ihnen ein Gefühl der Zufriedenheit vermitteln. Falls Sie merken, dass Ihre Gedanken abschweifen, lassen Sie die Kerze aus Ihrem Herzen heraustreten und beginnen Sie noch einmal von vorne. Schließen Sie die Flamme in Ihr Herz und behalten Sie sie dort. Achten Sie darauf, wie lange Sie sich ausschließlich auf die Kerzenflamme konzentrieren können. Es ist möglich, diesen wunderbaren Zustand der Entspannung und inneren Ruhe etwa noch fünf bis zehn Minuten nach der Übung aufrechtzuerhalten. Für den Anfang ist bereits eine Minute ein sehr gutes Ergebnis. Vergessen Sie nicht, danach die Kerze zu löschen.

Sie werden wahrscheinlich feststellen, dass die Kerze eine sehr gute Konzentrationshilfe ist. Die Flamme wärmt und nährt, daher unterstützt sie den Entspannungsprozess. Vor der Arbeit mit den Karten, die im nächsten Kapitel erläutert wird, stellt der folgende Absatz noch eine andere Form der Konzentration vor. Diese letzte Übung ist eigentlich eine Kombination aus Entspannung und Meditation und stärkt das Selbstvertrauen! Achten Sie darauf, dass Sie während der Übung Zeit für sich allein haben und Sie niemand stört. Verschließen Sie, falls nötig, die Tür. Wenn Sie möchten, zünden Sie dabei eine Kerze an.

Nehmen Sie sich viel Zeit und üben Sie langsam. Lassen Sie das Ergebnis auf sich wirken und genießen Sie es. Setzen Sie sich bequem hin und schließen Sie die Augen. Konzentrieren Sie sich einige Minuten auf Ihren Atem. Atmen Sie tief ein und aus. Achten Sie darauf, dass sich Ihre Schultern angenehm schwer anfühlen und stellen Sie sich vor, dass jeder Atemzug bis hinunter in den Bauch gelangt. Vergessen Sie erst einmal den Kummer des Alltags. Entspannen und befreien Sie sich während der Übung.

Konzentrieren Sie sich jetzt auf einen Punkt im Zentrum Ihres Körpers, der Ihnen vertraut erscheint. Das kann Ihr Herz sein oder Ihr Solar plexus (zwischen Herz und Magen), aber auch der Bereich um Ihren Nabel. Gehen Sie nun tiefer in diesen Bereich hinein und lassen Sie sich in Ihr Inneres fallen. Es ist der Teil von Ihnen, der am Besten über Sie Bescheid weiß. Immer dann, wenn Sie plötzlich eine Eingebung hatten oder ein undefinierbares Gefühl, etwas auf einer tieferen, spirituellen Ebene zu verstehen, war das der Ort, der dieses Gefühl auslöste. Atmen Sie weiter tief ein und aus, und lassen Sie sich in diesen besonderen Teil Ihres Inneren fallen. Spüren Sie, wie Sie bei jedem Atemzug tiefer in dieses verborgene Ich hineingleiten.

Erinnern Sie sich an all die Augenblicke, als Sie etwas intuitiv wussten, ohne genau sagen zu können, warum. Denken Sie an all die Male, als das Telefon läutete und Sie den Anrufer bereits vorher erraten hatten. Gab es einen Job, von dem Sie sicher waren ihn zu bekommen, und den Sie anschließend auch tatsächlich bekamen? Sind Sie jemandem begegnet, von dem Sie sofort wussten, dass er die große Liebe Ihres Lebens sein würde? Lassen Sie im Geiste all die Momente an sich vorüberziehen, in denen Sie sich in einer Art und Weise verhalten haben, die man als telepathisch bezeichnen könnte. Denken Sie über das nach, was Sie bisher an telepatischen Erfahrungen gemacht haben.

Erinnern Sie sich daran, dass Tiere auf bestimmte Situationen instinktiv reagieren, ohne dass es dafür eine logische Erklärung gibt. Denken Sie über Gedanken in Form von Energiewellen nach, auf die wir reagieren können. Tauchen Sie in diese neue Welt des Entdeckens und Verstehens ein. Atmen Sie dabei weiter tief und regelmäßig ein und aus.

Wenn Sie denken, genügend erfahren zu haben, kehren Sie langsam mit dem Bewusstsein wieder in Ihren Körper zurück. Erinnern Sie sich daran, wo Sie sitzen, in welchem Raum und zu welcher Tageszeit, an welchem Wochentag, und was Sie als Nächstes vorhaben. Öffnen Sie Ihre Augen. Konzentrieren Sie sich auf einen Gegenstand im Raum und setzen Sie sich ein paar Minuten ruhig hin. Achten Sie darauf, dass Sie sich entspannt und „geerdet" fühlen, bevor Sie wieder aufstehen.

Diese Übung kann Sie etwas schwindlig machen. Nehmen Sie sich vor dem Aufstehen auf jeden Fall einige Minuten Zeit, um Ihre Gedanken zu ordnen. Sollten Sie sich aufrecht stehend immer noch verwirrt fühlen, gehen Sie mehrere Schritte durch den Raum und spüren Sie das Gewicht Ihrer Füße auf dem Boden. Dies ist eine gute Methode, um sich zu erden. Vielleicht überraschen Sie die Gefühle, die Sie während dieser Übung hatten. Erkennen Sie jetzt, was Telepathie alles bewirken kann? Es gibt Energien, die auf einer anderen Ebene liegen als jene, mit denen wir uns gewöhnlich beschäftigen; sie existieren jedoch genauso und werden sehr real, wenn wir gelernt haben, uns auf sie einzulassen. Wiederholen Sie diese letzte Übung einige Male, bevor Sie beginnen, mit den Karten zu arbeiten. Dadurch steigern Sie ihr Selbstvertrauen und erlangen ein neues Gefühl von Wohlbehagen.

Im nächsten Kapitel lernen Sie die Karten kennen!

KAPITEL II

DIE KARTEN KENNEN LERNEN

NEHMEN SIE DIE BLÄTTER AUS DEM UMSCHLAG AM ENDE DES BUCHES UND LÖSEN SIE DIE KARTEN HERAUS. Insgesamt 16 Karten sind mitgeliefert, und zwar: zwei identische Sätze, ein leerer Satz und eine Reservekarte. Legen Sie einen Satz Karten vor sich auf den Tisch.

Auf den ersten Blick erscheinen sie sehr einfach: ein Quadrat, ein Kreis, ein Dreieck, ein Stern und zwei Wellenlinien. Gewöhnlich mischt man die Karten, zieht eine und „sendet" dieses Bild in Gedanken an jemand anderen. Dieser Versuch wird später in ähnlicher Weise durchgeführt.

Zu Anfang jedoch werden Sie die Karten auf eine persönliche Art kennen lernen. Ihre Beziehung zu den Karten wird umso enger, je mehr Sie sich mit ihnen beschäftigen. So wird es für Sie einfacher, sich auf die Symbole einzustellen und mit ihnen telepathisch zu arbeiten. Mittlerweile ist Ihnen bekannt, dass jeder Gedanke mit Energie verknüpft ist. Im Folgenden werden fünf verschiedene Energieformen aufgebaut, die es Ihnen ermöglichen, alle fünf Symbole telepathisch voneinander zu unterscheiden.

Kümmern Sie sich zunächst nur um die Karte mit dem Quadrat. Legen Sie sie vor sich hin. Machen Sie ein paar ruhige und tiefe Atemzüge und entspannen Sie sich. Was fällt Ihnen spontan zu einem Quadrat ein? Betrachten Sie das Quadrat auf der Karte so, als wäre es die Kerzenflamme; anders ausgedrückt, machen Sie Ihren Blick „weich" und verschmelzen Sie mit dem Quadrat. Wenn Sie entspannt und zentriert sind, wird es sich wahrscheinlich vor Ihren Augen verändern. Überlassen Sie Ihrer Fantasie die Führung. Man könnte auch sagen, dass Sie so aus einer einfachen Form eine komplexere machen. Lassen Sie sich dabei Zeit und genießen Sie die Erfahrung. Es sollte Spaß und keine Mühe machen! Wenn Sie von Natur aus fantasiebegabt sind, werden Sie wahrscheinlich unterschiedliche Dinge in dem Quadrat „sehen". Die folgenden Vorschläge zeigen ein paar Beispiele, was aus dem Quadrat werden kann.

Es könnte ein solches Gebäude daraus entstehen.

Weitere Ideen, um Ihre Kreativität zu stimulieren:

Es gibt viele andere Dinge, an die Sie spontan denken könnten. Lassen Sie Ihrer Fantasie freien Lauf! Beschreiben oder malen Sie jedes Objekt, das Ihnen besonders gefällt. Vermutlich fällt Ihnen die Übung mit dem Quadrat am leichtesten, weil viele Dinge diese Grundform besitzen.

Legen Sie als Nächstes die Karte mit dem Kreis vor sich hin und betrachten Sie sie genau. (Halten Sie Ihren Blick von den anderen Karten fern, sonst werden Sie abgelenkt.) Denken Sie auch hier an ein bestimmtes Objekt. Suchen Sie sich eines aus oder erfinden Sie etwas Eigenes.

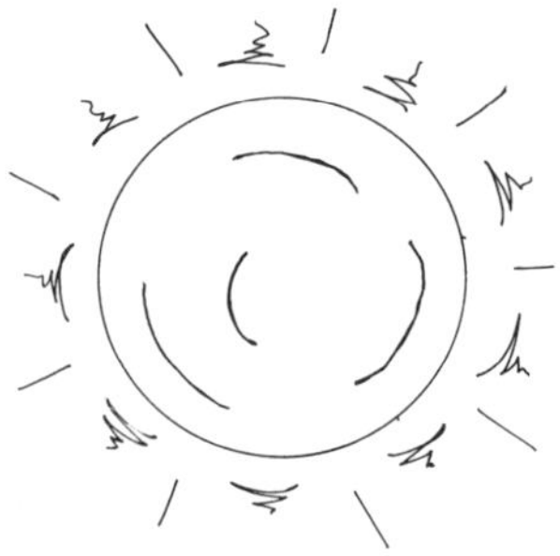

Wenn Sie gerne malen, zeichnen Sie mehrere Kreise auf ein Stück Papier und halten Sie fest, was Ihnen einfällt. Merken Sie sich die Zeichnung, zu der Sie sich am stärksten hingezogen fühlen. Verfahren Sie jetzt genauso mit dem Dreieck. Vielleicht ist es schwieriger, spontan an dreieckige Dinge zu denken, aber wenn Sie weiterhin entspannt und zentriert bleiben, wird Ihnen bald etwas einfallen.

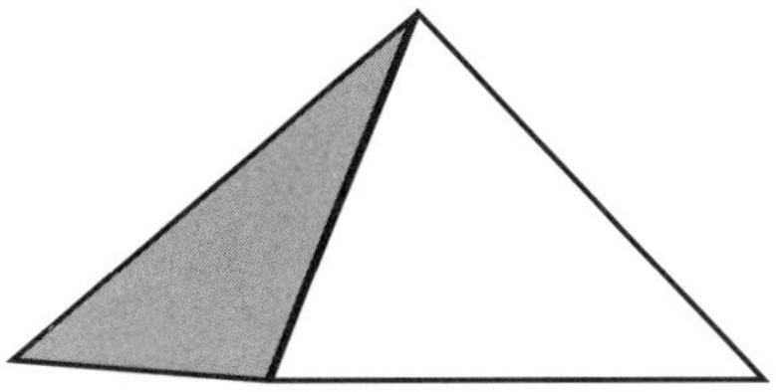
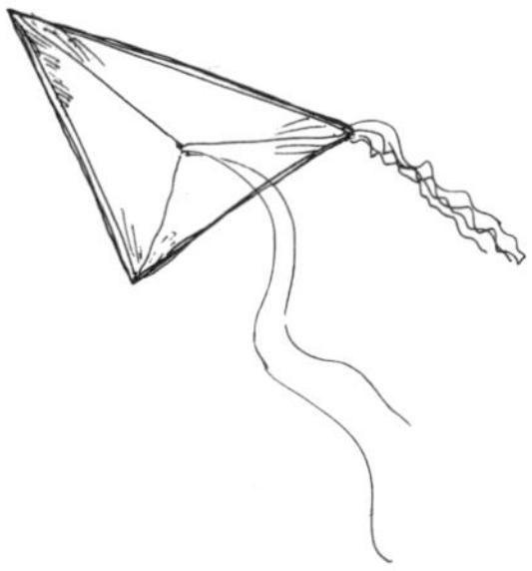

Denken Sie weiterhin daran, tief ein- und auszuatmen. Oft fällt man in die Flachatmung zurück, ohne es zu bemerken. Halten Sie dann einen Moment inne und machen Sie ein paar ruhige Atemzüge. (Vielleicht haben Sie auch das Bedürfnis, Ihre Schultern ein wenig auszuschütteln. Blinzeln Sie ein paar Mal mit den Augen, falls sie etwas angestrengt sind.) Schließen Sie jetzt kurz Ihre Augen und machen Sie ein paar tiefe Atemzüge. Anschließend öffnen Sie ihre Augen wieder und setzen dann die Übung fort.

Legen Sie nun den Stern vor sich hin. Oft ist das einzig spontane Bild, das einem dazu einfällt, ein Stern! Wenn Sie jedoch Ihrer Fantasie freien Lauf lassen, ergeben sich auch andere Ideen:

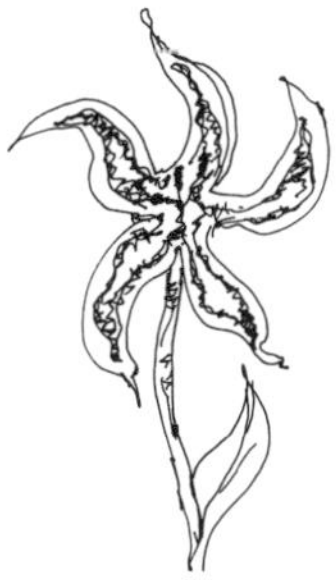

(Übrigens: Wussten Sie, dass es erwiesenermaßen keine zwei Schneeflocken mit derselben Struktur oder Größe gibt? Stellen Sie sich vor, dass von allen Schneeflocken, die seit der Entstehung der Erde gefallen sind, nicht eine Einzige identisch ist mit einer anderen! Es fällt schwer, dies zu glauben, doch es ist wahr. Je mehr Sie über die Wunder der Natur erfahren, desto mehr werden Sie erkennen, dass Menschen ebenso außergewöhnlich und wunderbar sind. Leider vergessen wir dies allzu oft.)

Zuletzt betrachten Sie die zwei Wellenlinien, die aussehen wie – zwei Wellen! Legen Sie die Karte vor sich hin, entspannen Sie sich und schauen Sie, was Ihnen dazu einfällt. Je mehr Sie sich darin vertiefen, desto leichter fließen die Gedanken. Vielleicht denken Sie an eines der folgenden Bilder:

 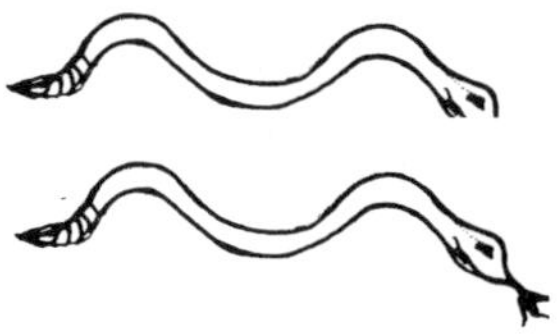 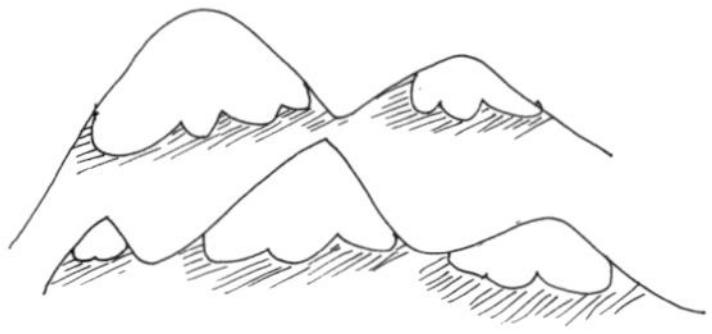

Wenn Sie sich ausreichend mit den Wellenlinien beschäftigt haben, schließen Sie kurz Ihre Augen und konzentrieren Sie sich auf Ihren Atem. Lassen Sie die Luft bis tief in Ihren Bauchbereich hinein strömen? Sind Ihre Schulten angenehm schwer? Öffnen Sie nach ein paar Minuten wieder Ihre Augen.

Abschließend sollten Sie alle fünf Formen noch einmal betrachten. Legen Sie eine Karte nach der anderen vor sich hin. Wählen Sie diesmal für jedes Symbol nur ein Bild. Es sollte das Bild sein, das am stärksten auf Sie wirkt und das Ihnen am besten gefällt! Je größer Ihre emotionale Verbindung ist, desto erfolgreicher werden Sie sein.

Betrachten Sie nochmals das Quadrat. Welches Bild ist Ihnen am angenehmsten? Noch wichtiger, welches Symbol sehen Sie zuerst? Es wird jetzt zu einem Teil Ihres Quadrates. Verfahren Sie mit den anderen vier Karten genauso. Wenn Sie beispielsweise gerne Kohl essen, verwandeln Sie den Kreis in einen Kohlkopf! Bleiben Sie von jetzt an bei diesen Bildern. Achten Sie darauf, dass sie aussagekräftig und eindeutig für Sie sind. Betrachten Sie die Karten noch einmal. Können Sie sich sofort an das entsprechende Symbol für jede Karte erinnern? Wenn Sie unsicher sind, sollten Sie den ganzen Vorgang wiederholen.

Es ist gut, jedes Symbol auch mit einer bestimmten Farbe zu verknüpfen. Farben sind für uns eine sehr gute Möglichkeit, Energien zu unterscheiden. Wenn Sie z. B. eine Sonne für den Kreis gewählt haben, wählen Sie Gelb. Vielleicht sind Ihre Wellenlinien das Meer – dann könnten Sie sich für Blau als passende Farbe entscheiden. Auch hier gilt: Wählen Sie nur Farben, die Ihnen gefallen.

Verbinden Sie mit jeder Karte etwas Persönliches und Positives, können Sie mit den telepathischen Versuchen beginnen.

KAPITEL III

ALLEIN ÜBEN

Vielleicht denken Sie bei Telepathie nur an Kommunikation mit Anderen; Tatsache ist, dass Sie es erst einmal Allein für sich versuchen sollten!

In erster Linie sollten Sie entspannt und konzentriert sein. Je öfter Sie die Übungen in Kapitel I gemacht haben, desto schneller werden Sie diesen Zustand erreichen. Nehmen Sie sich ein paar Minuten Zeit, bis Sie entspannt sind und einen klaren Kopf haben. Denken Sie jetzt nicht an Ihre Sorgen, genießen Sie das Gefühl, stressfrei zu sein.

Nehmen Sie jetzt Ihre fünf Karten und mischen Sie sie. Schauen Sie dabei nicht auf die Karten, damit Sie nicht „mogeln". Achten Sie darauf, dass Ihr Atem tief und ruhig, und Ihre Schultern angenehm schwer bleiben. Wenn Sie so weit sind, legen Sie die fünf Karten verdeckt vor sich hin. Die Art, wie Sie sie legen, ist nicht entscheidend, solange sie nur gut erreichbar sind. Wahrscheinlich wird es Ihnen helfen, wenn sie nicht in einer bestimmten Anordnung liegen. Wenn sie in Form eines Quadrates oder Kreises verteilt sind, könnte es sein, dass Sie unkonzentriert werden und nur an die Gesamtform der Karten denken.

Schließen Sie jetzt Ihre Augen. Konzentrieren Sie sich auf die erste Karte, die Sie finden möchten, z. B. das Quadrat, und denken Sie an das dazugehörige Bild. Sehen Sie das Bild klar vor Ihrem geistigen Auge? Welche Farbe passt dazu? Sehen Sie dieses Bild und diese Farbe lebendig vor sich? Wenn Sie so weit sind, öffnen Sie Ihre Augen und schauen Sie hinunter auf die fünf Karten. Von welcher wird Ihr Auge sofort angezogen? Versuchen Sie, sich während des Vorganges nicht anzustrengen; je entspannter Sie sind, desto leichter wird es. Betrachten Sie es als ein Spiel. Es macht nichts, wenn Sie falsch raten. Sie können es ja noch einmal versuchen.

Lagen Sie richtig? In diesem Fall herzlichen Glückwunsch! Wenn nicht, verlieren Sie nicht den Mut. Versuchen Sie es weiter! Gehen Sie die Karten durch und rufen Sie zuerst jede einzelne vor Ihr geistiges Auge, dann öffnen Sie Ihre Augen und wählen diejenige, die Sie für die richtige halten.

Wie war Ihre Erfolgsquote das erste Mal? Tragen Sie das Ergebnis in die Tabelle ein:

MEIN ERSTER VERSUCH

KARTE	ERFOLGSQUOTE
Quadrat	richtig / falsch
Kreis	richtig / falsch
Dreieck	richtig / falsch
Stern	richtig / falsch
Wellenlinien	richtig / falsch

Es ist wichtig, dass Sie Ihren ersten Versuch festhalten, weil das Ergebnis vielleicht mehr zeigt, als Sie denken! Welche Symbole waren richtig? Sind es die Symbole, die Ihnen am besten gefallen und mit dem lebendigstem Bild und der lebhaftesten Farbe verknüpft sind? Betrachten Sie die Symbole, die falsch waren, noch einmal und überlegen Sie, ob Sie sie wirklich genauso gut kennen wie die anderen.

Wenn Sie kein einziges Symbol erraten haben, kann es daran liegen, dass Sie weniger entspannt waren, als Sie dachten. Wenn alle richtig waren, umso besser!

Ungeachtet dessen, wie gut Sie abgeschnitten haben, sollten Sie inne halten und ein paar tiefe Atemzüge machen. Nehmen Sie sich Zeit, den zentralen Punkt in sich zu finden, dessen Erforschung Sie mit der Kerzenmethode geübt haben. Denken Sie daran, auf wie viele Arten von Energie man sich einstimmen kann. Öffnen Sie Ihren Geist für Vorstellungen und Möglichkeiten. Erinnern Sie sich an die Beispiele, in denen Menschen und Tiere etwas verstanden, ohne es gelernt zu haben. Denken Sie daran, dass auch Sie dazu fähig sind, wenn Sie sich entspannen und konzentrieren.

Nehmen Sie jetzt die Karten und mischen Sie sie. Schließen Sie dabei Ihre Augen und konzentrieren Sie sich auf Ihre „Lieblingskarte“, deren Form oder Farbe Ihnen am besten gefällt, oder das Bild, das sie für Sie darstellt. Stellen Sie sich geistig ganz auf diese Karte ein. Keine der anderen sollte mehr für Sie existieren. Erinnern Sie sich, wie Sie sich bei der Zahlenübung so konzentriert haben, dass jeweils nur eine Zahl in Ihren Gedanken vorhanden war? Es existiert nur eine Form, eine Farbe und ein Bild in Ihrem Kopf. Bleiben Sie konzentriert, aber versuchen Sie, sich zu entspannen und die Gedanken kommen und gehen zu lassen. Beenden Sie jetzt das Mischen.

Halten Sie Ihre Augen geschlossen und berühren Sie die oberste Karte des Stapels mit den Fingern. Ist das die Karte, auf die Sie sich eingestimmt haben? Wenn nicht, legen Sie sie unter den Stapel und versuchen Sie es mit der Nächsten. Wiederholen Sie dies solange, bis Sie das Gefühl haben, die richtige gezogen zu haben. Prüfen Sie jetzt die Karte, von der Sie sich angezogen fühlen. Haben Sie richtig geraten? Tragen Sie am Ende die Ergebnisse in die Tabelle ein:

MEIN ZWEITER VERSUCH

KARTE	ERFOLGSQUOTE
Quadrat	richtig / falsch
Kreis	richtig / falsch
Dreieck	richtig / falsch
Stern	richtig / falsch
Wellenlinien	richtig / falsch

Findet sich hier ein ähnliches Muster wie beim ersten Versuch? Vielleicht zeigen sich Fortschritte. Vielleicht hat es Ihnen geholfen, dass Sie noch entspannter waren und sich noch mehr Zeit gelassen haben.

Für den nächsten Versuch nehmen Sie fünf identische Umschläge und legen in jeden eine Karte. Verschließen Sie ihn, mischen und nummerieren Sie sie dann fortlaufend von 1 bis 5. Tragen Sie diese Umschläge entweder während des Tages bei sich oder legen Sie sie auf Ihren Schreibtisch im Büro. Denken Sie hin und wieder daran und nehmen Sie sie manchmal in die Hand, aber versuchen Sie, sich nicht zu sehr mit ihnen zu beschäftigen. (Falls Freunde und Ihre Familie fragen sollten, was Sie da tun, laden Sie sie ein, mitzuraten, aber achten Sie darauf, dass Sie sich nicht von ihnen beeinflussen lassen.) Sobald Sie das Gefühl haben, dass ein Umschlag ein bestimmtes Symbol enthält, notieren Sie es auf dem Umschlag. Sie können Ihre Meinung durchaus ändern, jedoch sollte dies pro Umschlag nur einmal geschehen. Am Ende des Tages, sollten Sie sich bei jedem Umschlag auf ein, höchstens jedoch auf zwei Symbole festgelegt haben. Öffnen Sie jetzt die Umschläge und schauen Sie nach, ob Sie richtig lagen. Tragen Sie das Ergebnis in die nachfolgende Tabelle ein.

TELEPATHIE MIT UMSCHLÄGEN

KARTE	ERSTER TIPP	ZWEITER TIPP
1	richtig / falsch	richtig / falsch
2	richtig / falsch	richtig / falsch
3	richtig / falsch	richtig / falsch
4	richtig / falsch	richtig / falsch
5	richtig / falsch	richtig / falsch

(Falls Sie einen Freund haben, der seine Punkte aufschreiben möchte, lassen Sie ihn die nachstehende Tabelle ausfüllen, und vergleichen Sie dann Ihre Ergebnisse.)

TELEPATHIE MIT UMSCHLÄGEN (FREUND)

KARTE	ERSTER TIPP	ZWEITER TIPP
1	richtig / falsch	richtig / falsch
2	richtig / falsch	richtig / falsch
3	richtig / falsch	richtig / falsch
4	richtig / falsch	richtig / falsch
5	richtig / falsch	richtig / falsch

Denken Sie aber daran, dies ist kein Wettbewerb! Es macht nichts, wenn Sie keinen Punkt haben und Ihr Mitspieler aber eine hohe Erfolgsquote vorweisen kann. Dies könnte vielmehr bedeuten, dass er ein guter Partner für die Übungen in Kapitel IV ist! So ist es sehr wahrscheinlich, dass Sie erfolgreich zusammenarbeiten, da Ihnen Ihre bisherige Erfahrung durch die telepathischen Übungen nützt.

Was hat Ihnen geholfen zu entscheiden, welches Symbol in welchem Umschlag war? War es das Bild, das Sie mit dem Symbol assoziiert haben, war es die ursprüngliche, einfache Form oder die damit verknüpfte Farbe? Was war Ihre stärkste Hilfe? Machen Sie in der nachfolgenden Tabelle einen Kreis um das Hilfsmittel, das Sie für jede Karte benutzt haben.

MEINE HILFSMITTEL

KARTE	HILFSMITTEL
Quadrat	Bild / Form / Farbe
Kreis	Bild / Form / Farbe
Dreieck	Bild / Form / Farbe
Stern	Bild / Form / Farbe
Wellenlinien	Bild / Form / Farbe

Schauen Sie jetzt nach, ob Sie mit einem Hilfsmittel wiederholt guten Erfolg hatten. Haben Sie richtig geraten, als Sie sich die Farbe vorstellten? Waren es Ihre eigenen persönlichen Bilder, die für Sie lebendig geworden sind? Vielleicht hat Sie auch das Nachdenken über das Symbol an sich zentriert und Ihnen Erfolg beschert.

Vergleichen Sie jetzt Ihre Treffer mit denen der beiden früheren Versuche und achten Sie wieder darauf, ob bestimmte Symbole für Sie leichter zu benutzen waren. Manche Menschen haben mehr Erfolg mit der Umschlagmethode. Das liegt wahrscheinlich daran, dass sie sich zu sehr verkrampfen, wenn sie sich hinsetzen und sich direkt auf die Karten konzentrieren. Anstatt ihre Gedanken zu zentrieren und zu entspannen, verkrampfen sie sich. War das bei Ihnen der Fall? Der Vorteil der Umschläge, an die man ab und zu denkt, liegt darin, dass sie eine kurzzeitige Ablenkung vom normalen Alltagsstress darstellen. Dieser kurze Augenblick, den man sich nimmt um einen Blick auf die Umschläge zu werfen, könnte genau der Zeitpunkt sein, in dem man sich, sowohl körperlich als auch geistig, tatsächlich entspannt. Wenn Sie bei den Umschlägen ein gutes Ergebnis erreicht haben, versuchen Sie es erneut und tragen Sie die Ergebnisse wieder ein. Waren Sie wieder erfolgreich?

Vielleicht ist dies ein Zeichen, dass Sie zu der Sorte Mensch gehören, die allem im Leben mit Hingabe und Konzentration begegnen. Wahrscheinlich können Sie sich bereits gut auf ein bestimmtes Thema konzentrieren und besitzen eine starke Selbstdisziplin. Vergessen Sie aber nicht, sich auch Zeit zum Entspannen zu gönnen. Sie haben es verdient!

Falls Sie bei den ersten beiden Versuchen mehr Erfolg hatten (insbesondere bei dem zweiten), sind Sie bereits in der Lage, sich gut entspannen zu können. Suchen Sie für sich den Nutzen dieser

Übungen darin, Ihre Gedanken noch besser zentrieren zu können und Ihre Konzentrationsfähigkeit zu erhöhen. Wenn Sie bei allen drei Versuchen gut abgeschnitten haben, haben sich Ihre telepathischen Fähigkeiten schon weit entwickelt!

Falls Sie bei allen bisherigen Versuchen wenig positive Ergebnisse erzielen konnten, heißt das nicht, dass Sie keine telepathischen Fähigkeiten besitzen! Entspannen Sie sich. Wie leicht fällt es Ihnen, sich Zeit für sich selbst zu nehmen? Sind Sie immer nur für andere da? Kümmern Sie sich jetzt auch einmal um sich selbst: Gönnen Sie sich eine Massage oder ein heißes Bad. Oder lesen Sie in aller Ruhe ein gutes Buch. Nehmen Sie sich täglich etwas Zeit für die Konzentrationsübungen. Falls Ihnen die Übungen mit den Zahlen oder der Kerze nicht zusagen, ersetzen Sie sie mit etwas, das Ihnen besser gefällt. Verbringen Sie beispielsweise ein paar Minuten damit, Ihre Lieblingsmusik zu hören oder schließen Sie die Augen und denken Sie an Ihre Lieblingsblume oder an einen idyllischen Ferienort, an dem Sie sich wohl gefühlt haben. Nutzen Sie Ihre eigenen Gedanken, um sich einen geistigen Ort der Entspannung zu schaffen. Danach sollten Sie die Übungen aus diesem Kapitel wiederholen und Ihre Fortschritte notieren.

Denken Sie daran: Jeder, wirklich jeder, besitzt telepathische Fähigkeiten. Es ist nur eine Frage der Übung, sich auf die Bereiche des Gehirns einzustimmen, die Ihnen neue Bewusstseinsebenen erschließen. Es ist so als verfüge Ihr Computer über besondere Programme, denen Sie bis jetzt noch nicht begegnet sind. Es kostet Sie dann einige Zeit, den Umgang mit diesen neuen Programmen zu erlernen, aber wenn Sie sie beherrschen, sind Sie Ihnen von großem Vorteil. Ihr Gehirn gleicht diesem Computer, und Telepathie ist die neue Kunst, auf die es sich einzustimmen gilt. Geben Sie sich einfach etwas Zeit, um auf diese neue Bewusstseinsebene zu gelangen.

In den folgenden Versuchen mit einem Partner kommen vielleicht Ihre verborgenen Talente zum Vorschein!

KAPITEL IV

MIT ANDEREN ÜBEN

Mit wem möchten Sie diese telepathischen Versuche wagen? Es ist wichtig, für wen Sie sich entscheiden. Es sollte jemand sein, der die gleiche Wellenlänge wie Sie hat. Er sollte aufgeschlossen, flexibel und offen für neue Herausforderungen sein. Spiele und Experimente sollten ihm Spaß machen. Wenn es ihm darüber hinaus auch noch leicht fällt, sich zu entspannen und sich gut zu konzentrieren, kann kaum noch etwas schief gehen! Sie brauchen beide dafür Geduld. Mit anderen telepathisch zu arbeiten, kann einige Zeit in Anspruch nehmen, und Sie sollten nichts überstürzen.

Die beste Ausgangsposition für eine gute Zusammenarbeit ist, Ihren Partner mit dem bisherigen Inhalt dieses Buches vertraut zu machen! (Vermeiden Sie es aber am Anfang, zusammen mit Ihrem Freund Bilder aus den Symbolen zu erschaffen, wie Sie es in Kapitel II getan haben.) Sprechen Sie über die Notwendigkeit von Entspannung und klaren Gedanken. Es ist vorteilhaft, sich gegenseitig durch die verschiedenen Atem- und Konzentrationsübungen zu führen. Dabei können beide profitieren. Manchmal versteht man erst richtig, wie nützlich eine bestimmte Methode sein kann, wenn man sie zusammen mit einem anderen Menschen erprobt hat.

Die Übung auf der nächsten Seite können Sie miteinander sprechen, um sich zu entspannen und vorzubereiten. Bitte achten Sie darauf, dass Sie während dieser Übung ungestört sind. Wählen Sie einen Zeitpunkt, an dem Sie Ruhe haben, und sprechen Sie dann abwechselnd langsam und ruhig die folgenden Sätze:

SPRECHÜBUNG

Schließe deine Augen und setze dich bequem hin. Räkle und strecke dich, wenn du möchtest. Stelle beide Füße flach auf den Boden. Nimm dir Zeit, um zur Ruhe zu kommen. (Kurze Pause)

Lenke deine Aufmerksamkeit jetzt auf deinen Atem. Spüre, wie die Luft bei jedem Atemzug durch die Nase bis tief in deinen Bauch fließt. Fühle, wie sich dein Körper bei jedem Ausatmen immer mehr entspannt. Deine Schultern sind angenehm schwer und fest am Körper. Dein Nacken ist angenehm entspannt. Was auch immer du an Problemen hast, du wirst während dieser Übung nicht daran denken. Fühle, wie sie ins Nichts davongleiten. Entspanne dich. Genieße es, dich für kurze Zeit einfach nur auf deinen Atem zu konzentrieren. Mache dann leise alleine weiter. (Pause)

Fühle, wie sich die Aufmerksamkeit bei jedem Einatmen auf den zentralen Punkt in deinem Inneren richtet, in deinem Herzen, Magen oder Solar plexus. Konzentriere dich auf den Bereich, den du für geeignet hältst. Atme in die Stille, die sich in deinem Innersten befindet. Genieße den Frieden und die Ruhe dort. Spüre bei jedem Ausatmen, wie ein Gefühl des Wohlbefindens deinen gesamten Körper durchfließt. Dieses Gefühl kann sich ausbreiten, um dich schließlich ganz zu erfüllen. Genieße dieses Gefühl. Atme ein und besinne dich ganz auf dein Inneres. Atme aus und spüre, wie dich das Gefühl von Frieden und Stille ganz erfüllt. Mache eine Weile so weiter. (Pause)

Lass deine Augen geschlossen und richte deine Aufmerksamkeit jetzt wieder auf deinen Körper. Spüre das Gewicht deines Körpers auf dem Stuhl. Konzentriere dich auf die Schwere deiner Füße auf dem Boden. Bewege deine Füße und Hände hin und her. Vergegenwärtige dir, in welchem Raum du sitzt und zu welcher Tageszeit. Öffne jetzt deine Augen. Konzentriere dich auf einen Gegenstand im Raum. Achte darauf, dass du geerdet bist, bevor du aufstehst.

Diese Übung macht auch dann Spaß, wenn Sie nichts mit Telepathie im Sinn haben! Sie sollten sich diesen Text gegenseitig vorlesen, damit beide Partner davon profitieren.

Geben Sie Ihrem Partner den zweiten Satz Karten, damit er ihn ansehen kann. Denken Sie bitte daran, dass die Karten zu diesem Zeitpunkt noch nicht in Bilder oder Farben umgewandelt werden sollten. Ihr Partner sollte sie lediglich als Symbol betrachten und sie jetzt noch nicht unterschiedlichen Objekten oder Symbolen zuordnen. Zu Beginn werden Sie auf eine andere Art und Weise damit arbeiten.

Legen Sie anfangs fest, wer „Sender" und wer „Empfänger" sein soll. Bei den ersten Versuchen sollten Sie der Empfänger sein, dem der andere etwas zusendet. Am Anfang sollte die Zusammenarbeit mit einem Partner so klar und einfach wie möglich strukturiert sein. Falls Sie die Möglichkeit zu mogeln oder einen Blick in die Karten des anderen zu werfen, ausschließen möchten, begeben Sie sich in verschiedene Räume. Eine andere, sehr wirksame Methode ist, sich einfach Rücken an Rücken zu setzen – wobei Sie darauf achten sollten, dass weder Sie noch Ihr Partner in einen Spiegel schauen. Setzen Sie sich bequem auf ihren Stuhl. Stellen Sie beide Füße fest auf den Boden und machen Sie ein paar tiefe Atemzüge.

Jetzt nimmt der Sender seine fünf Karten auf und mischt sie. Achten Sie darauf, dass er den zweiten Satz Karten aus diesem Buch nimmt. Der Empfänger sitzt einfach nur da, schließt die Augen und entspannt sich, während der Sender die Karten mischt, sich ebenfalls entspannt und sich auf seine eigenen Gedanken konzentriert. Sobald der Sender bereit ist, gibt er dem Empfänger Bescheid, dass er jetzt anfangen wird.

Der Sender beendet das Mischen und dreht die oberste Karte um. Dann sagt er: „Ich sende dir jetzt die erste Karte". Er tut dies, indem er sich ausschließlich auf das eine Bild konzentriert. Er sollte an nichts anderes denken. Vielleicht stellt er sich vor, wie er dieses Bild auf einer Gedankenwelle an den Empfänger schickt. Vielleicht sieht er einen Lichtstrahl, der ihn mit der anderen Person verbindet und leitet das Bild diesen Strahl entlang weiter. Möglicherweise hat er aber auch seine ganz eigene Methode, mit der er erfolgreich arbeitet. Die Art der Übertragung spielt im Grunde keine Rolle. Wirklich wichtig ist es, dabei entspannt und zentriert zu sein. Das sind die beiden Schlüssel zum Erfolg. Wenn einer der Partner sich dabei verkrampft oder zu sehr bemüht, entsteht in der Energieverbindung zwischen beiden eine Blockade.

Der Empfänger hat dabei nichts anderes zu tun, als seinen Kopf von allen Gedanken zu befreien und sich eine große schwarze Leinwand vor seinem geistigen Auge vorzustellen. Dann wartet er darauf, dass sich ein Bild vor ihm offenbart. Je klarer sein Kopf und je entspannter er ist, desto besser wird er in der Lage sein, die Information zu empfangen. Wichtig ist, dass der Empfänger keine Inhalte vorwegnimmt, indem er sich ein eigenes Symbol vorstellt. Das Bild soll nicht von ihm kommen, sondern als energetische Gedankenform von ihm empfangen werden.

Bleiben Sie nicht zu lange bei einer Karte. Konzentrieren Sie sich nur kurz darauf, und gehen Sie dann weiter. Der Sender muss dies ankündigen, indem er sagt: „Ich konzentriere mich jetzt auf die zweite Karte". Der Empfänger benötigt Papier und Bleistift, um die Symbole aufzuschreiben, damit er ihre Reihenfolge nicht vergisst. Gehen Sie alle fünf Karten durch, ohne sich gegenseitig die Symbole zu verraten, und vergleichen Sie danach die Ergebnisse mit Hilfe der nachfolgenden Tabelle.

ZUSAMMENARBEIT – ERSTER VERSUCH

NAME DES SENDERS	NAME DES EMPFÄNGERS
KARTE DES SENDERS	BILD DES EMPFÄNGERS
1	1
2	2
3	3
4	4
5	5

Tauschen Sie sich danach, ungeachtet der Ergebnisse, darüber aus, wie Sie sich gefühlt haben. Haben Sie das Bild, das Sie erraten haben, stärker wahrgenommen als die anderen? Haben Sender oder Empfänger ihre Methode während der Übung in irgendeiner Form verändert? Hat der Sender die Art, das Bild zu senden, verändert oder hat sich der Empfänger im Laufe der Übung mehr entspannt oder konzentriert? Bevorzugt einer von Ihnen eine bestimmte Form oder ist Ihnen ein bestimmtes Symbol unsympathisch? Waren sie beide etwas nervös? Haben Sie sich für jedes Symbol hinreichend Zeit gelassen? Und vor allem ärgern Sie sich nicht, wenn Sie Fehler gemacht haben.

Wiederholen Sie den Versuch jetzt noch einmal und tauschen Sie dabei die Rollen. Empfänger wird Sender und umgekehrt. Jeder benutzt hierzu seine eigenen Karten. Tauschen Sie keinesfalls die Karten, da sie zu etwas Persönlichem geworden sind. Vergessen Sie nicht, dass der Sender, falls er bereits mit Telepathie gearbeitet hat, nur die Form senden darf. Senden Sie keine symbolische Darstellung oder Farbe, um den Empfänger nicht zu verwirren.

Da Sie diesen Versuch schon einmal gemacht haben, können Sie beim zweiten Anlauf etwas genauer sein. Entscheiden Sie sich nur für eine Methode, das Bild zu senden. Bauen Sie beispielsweise gedanklich eine Energieröhre zwischen sich auf, durch die das Bild fließen kann. Oder stellen Sie sich einen Lichtstrahl vor.

Der Empfänger stellt sich vor, er sei offen und empfangsbereit. Vielleicht möchte er seine eigene Form der Energieverbindung aufbauen. Er könnte sich z. B. vorstellen, er habe ein Loch hinten im Kopf, an das der Hinterkopf des Partners gekoppelt ist.

Nutzen Sie Ihre Vorstellungskraft um eine für Sie stimmige Atmosphäre zu schaffen. Noch brauchen Sie sich nicht über das Bild auszutauschen. Warten Sie, bis der zweite Versuch abgeschlossen ist, bevor Sie darüber reden. Tragen Sie am Ende die Ergebnisse in die Tabelle ein:

ZUSAMMENARBEIT – ZWEITER VERSUCH

NAME DES SENDERS	NAME DES EMPFÄNGERS
KARTE DES SENDERS	BILD DES EMPFÄNGERS
1	1
2	2
3	3
4	4
5	5

Waren die Ergebnisse diesmal besser? Oder waren Sie schlechter? Haben Sie sich beide bei diesem zweiten Versuch anders gefühlt? Tauschen Sie sich darüber aus, was Sie empfunden haben und welche Form der Verbindung Sie gewählt haben. Gibt es eine gemeinsame Basis für den Aufbau ähnlicher Energieverbindungen zwischen Ihnen? Besprechen Sie, was für beide Partner stimmig ist, und suchen Sie einen Weg, der beiden zusagt. Scheuen Sie sich dabei nicht, jede Idee anzusprechen, so lächerlich sie auch erscheinen mag. Sind Sie beide von Ufos und Außerirdischen fasziniert? Dann stellen Sie sich einen „Boten" vor, der sich seinen Weg von Ihnen zu Ihrem Partner „beamt"! Sind Sie beide gerne am oder auf dem Wasser? Dann erschaffen Sie einen rauschenden Strom, der die Energie von einem zum anderen trägt. Oder Sie interessieren sich für Astrologie und wünschen sich, dass ein besonderer Stern die Information zwischen Ihnen hin und her trägt. Alles ist möglich, alles ist in Ordnung, solange sich beide Partner über die Methode einig sind. Achten Sie aber darauf, dass das, wofür Sie sich entscheiden, die Telepathie ergänzt und nicht von ihr ablenkt.

Wenn die Art Ihrer Verbindung geklärt ist und beide Partner damit zufrieden sind, wiederholen Sie den Versuch und konzentrieren sich dabei ausschließlich auf die miteinander abgesprochene Verbindungsform. Schreiben Sie die Ergebnisse dann wieder auf.

UNTER GLEICHEN VORRAUSSETZUNGEN ARBEITEN

NAME DES SENDERS	NAME DES EMPFÄNGERS
KARTE DES SENDERS	BILD DES EMPFÄNGERS
1	1
2	2
3	3
4	4
5	5

Falls Sie diese Übung mit vertauschten Rollen noch einmal wiederholen, achten Sie auf die unterschiedlichen Ergebnisse. Allmählich werden Sie erkennen, dass einer von Ihnen der bessere Sender ist. Das ist normal. Die meisten Menschen können eine Sache besser als eine andere. Wenn Sie herausgefunden haben, was Sie besser beherrschen, behalten Sie diese Rollenverteilung eine Zeitlang bei.

Später sollten Sie versuchen, die Übung zu variieren. Dazu benutzen beide Partner jeweils einen Satz von fünf Karten, mit Hilfe derer Sie sich auf eine gemeinsame Wellenlänge einstimmen. Dafür benötigt jeder ein Tischchen. Sie sollten wieder Rücken an Rücken sitzen und jeglicher Versuchung zu mogeln widerstehen! (Sie können diese Übung auch über Telefon machen, oder falls Sie es vorziehen, jeder für sich seine Ergebnisse niederschreiben und sie sich dann gegenseitig per Post, Fax oder E-Mail zukommen lassen. Die meisten Menschen fühlen sich allerdings wohler, wenn sie im gleichen Raum wie der andere sind. Die Nähe vermittelt ihnen das Gefühl, es sei leichter, sich auf die Gedanken des anderen einzustellen.)

Nehmen Sie jetzt Ihre fünf Karten und setzten Sie sich Rücken an Rücken jeweils an ein Tischchen. Denken Sie daran, sich zu entspannen, ruhig zu sitzen, sich auf Ihren Atem zu konzentrieren und Ihre Gedanken zu ordnen. Die telepathischen Energien sollten mühelos und leicht fließen können. Sobald Sie so weit sind, nehmen beide Partner ihre fünf Karten und legen sie in einer geraden Linie aufgedeckt vor sich hin. Als Nächstes wählt jeder eine Karte, ohne dem anderen zu sagen, welche es ist. Dabei verständigen Sie sich gegenseitig mit „Jetzt". Legen Sie die Karte zur Seite und kehren zu den anderen vier Karten zurück. Welche möchten Sie als Nächste nehmen? Sobald beide Partner so weit sind, sagen sie „Jetzt" und nehmen jeder die zweite Karte. Wiederholen Sie diesen Vorgang, bis alle fünf Karten gezogen wurden. Achten Sie auf die genaue Reihenfolge der Karten, von eins bis fünf.

UNTER BEIDEN KARTENSÄTZEN ARBEITEN

MEINE ERGEBNISSE	ERGEBNISSE DES FREUNDES
1	1
2	2
3	3
4	4
5	5

Hatten Sie diesmal mehr Erfolg? Manchmal gibt es eine größere Sicherheit, wenn beide Versuchspersonen „aktiver" sind. Haben sich beide ziemlich schnell entschieden und schien es leicht, die Karten jeweils auszusuchen? Wiederholen Sie diesen Versuch mehrere Male und achten Sie dabei auf die Trefferquote. Stellen Sie dabei stets die Verbindung her, auf die Sie sich beide geeinigt haben.

Im folgenden Versuch legen beide Partner alle fünf Karten aus. Dabei übermittelt der Sender dem Empfänger das Bild einer Karte. Der Empfänger entspannt sich und schaut konzentriert auf seine fünf Karten. Vielleicht bemerkt er, dass ihn eine der Karten besonders anzieht und er den Drang verspürt, sie zu nehmen. Machmal erscheint eine Karte besonders hell, so als pulsiere sie mit Energie oder als läge ein Lichtschimmer über ihr. Tauschen Sie die Rolle zwischen Empfänger und Sender und entscheiden Sie, ob diese Methode für Sie geeignet ist.

Die folgenden Übungen vertiefen die Telepathie. Dazu werden Bilder verwendet, ähnlich den Übungen in Kapitel II. Dadurch wird der Versuch für beide Partner komplexer und erfordert erhöhte Aufmerksamkeit und Konzentration. Machen Sie diese Übung erst nachdem Sie die in diesem Kapitel bisher aufgeführten Experimente mehrmals durchgegangen sind. Wenn Sie so weit sind, ist der folgende Versuch eine interessante Abwechslung:

Erklären Sie Ihrem Freund die Übung, die Sie in Kapitel II gemacht haben. Jede Form wird mit einem Bild assoziiert. Dabei stellt das Bild einen persönlichen Bezug zu dieser Form dar. Betrachten Sie noch einmal eingehend die Formen, diesmal gemeinsam. Ihr Freund wird vielleicht andere Ideen und Vorstellungen haben. Es ergeben sich immer neue Möglichkeiten, wenn die Fantasie eines anderen die eigene Vorstellungskraft erweitert! Nehmen Sie jede Karte einzeln und lassen Sie Ihrer Fantasie freien Lauf. Verbinden Sie jedes Bild mit einer Karte, dabei sollte die Form allerdings immer einen Bezug zu dem Symbol aufweisen. Nachdem Sie sich zu jedem der fünf Symbole hinreichend Gedanken gemacht haben, können Sie den folgenden Versuch starten:

Setzen Sie sich Rücken an Rücken mit den Tischchen vor sich. Einigen Sie sich auf das Symbol, mit dem Sie arbeiten möchten. Legen Sie die entsprechende Karte aufgedeckt auf Ihr Tischchen. Nun nehmen beide ein DIN-A4-Papier und einen Stift und malen die entsprechende Form auf das Blatt. Entspannen Sie sich nun und zeichnen das Bild, das Sie mit dieser Form verbinden. Versuchen Sie, sich aufeinander einzustimmen. Überstürzen Sie diesen Vorgang nicht, und sprechen Sie nicht über das, was Sie gerade malen. Nehmen Sie sich Zeit und denken Sie daran, die Verbindung zwischen Ihnen und Ihrem Partner aufrechtzuerhalten. Strengen Sie sich dabei aber nicht zu sehr an. Es spielt keine Rolle, wenn Ihr Bild keinen Bezug zur Zeichnung Ihres Freundes aufweist. Bedenken Sie immer: Es ist nur ein Experiment. Achten Sie während der Arbeit darauf, dass Sie ständig mit der Energie Ihres Freundes in Verbindung stehen. Ziel ist es, Ihre Gedanken in Einklang zu bringen und daraus eine Harmonie entstehen zu lassen. Malen Sie so lange weiter, wie Sie möchten.

Sind die Zeichnungen vollkommen unterschiedlich? Lachen Sie darüber und versuchen Sie es irgendwann noch einmal. Oder sind es ähnliche Bilder mit einer unterschiedlichen Darstellung? Beide Partner könnten z. B. für die Kreisform eine Sonne gemalt haben, die wie auf der folgenden Abbildung aussieht:

Die Tatsache, dass sich beide Versuchspersonen für das gleiche Objekt entschieden haben, wenn auch in unterschiedlichen Ausdrucksformen, zeigt, dass beide während des Versuchs das Gleiche gedacht haben. Wiederholen Sie die Übung mit den anderen Symbolen und überlegen Sie anschließend, welche Gemeinsamkeiten den Zeichnungen zugrunde liegen. Sie werden entdecken, dass Sie häufig den gleichen Gedanken hatten, aber diesen aufgrund Ihrer jeweiligen Persönlichkeit ganz anders darstellen.

Wenn beide Partner der Meinung sind, dass diese Übung sinnvoll ist, dann können Sie sie erweitern. Erschweren Sie die Aufgabe, indem Sie zusätzlich Buntstifte einsetzen. Beide Partner sollten dabei das gleiche Stiftesortiment besitzen. Prüfen Sie nun, ob beide ähnliche Farben zum Ausmalen benutzen. Die Größe der Zeichnung spielt dabei keine entscheidende Rolle. Sie kann das ganze Blatt füllen oder nur eine winzige Ecke. Ein interessanter Aspekt ist aber durchaus, wie oft beide in der gleichen Größe malen.

Sicherlich verbinden Sie mit jedem Bild ein Gefühl. Vereinbaren Sie, dass jeder nach der Vollendung seines Kunstwerkes die Empfindung, die er mit dem Bild verknüpft, niederschreibt. Haben Sie oft die gleichen Empfindungen, auch wenn die Bilder sehr unterschiedlich sind?

Denken Sie dabei stets daran, die Grundkarte vor sich liegen zu haben. Sie sollte immer Ihre erste Inspiration und Ihr Ausgangpunkt sein. Nachdem Sie sich einige Zeit mit dem Malen beschäftigt haben, sollten Sie zu der ursprünglichen telepathischen Übung zurückkehren. Senden und empfangen Sie die Symbole wieder gegenseitig. Vielleicht schleichen sich dabei auch Bilder aus anderen Übungen ein. Danach sollten Sie sich immer über ihre Gefühle austauschen und herausfinden, inwiefern sich die Methoden verändert haben.

Notieren Sie nun wieder Ihre Ergebnisse und stellen Sie fest, ob sich Ihre Trefferquote erhöht hat.

Ob sich Ihre Erfolgsquote im Laufe der Zeit verbessert, ist eigentlich unwichtig. Worauf es ankommt, ist der Nutzen, den Sie aus diesen Experimenten ziehen. Haben Sie die Gelegenheit genutzt, sich zu entspannen und Ihre Gedanken auf etwas anderes als Ihren normalen, alltäglichen Stress und Kummer zu konzentrieren? Haben Sie und Ihr Freund gemeinsam herzhaft gelacht? Haben Sie während der Übungen mehr über sich und den Anderen in Erfahrung gebracht? Haben Sie das Gefühl, Ihrem Umfeld gegenüber aufgeschlossener und empfänglicher geworden zu sein, nachdem Sie mit diesen fünf Karten experimentiert haben? Unser letztes Kapitel beschäftigt sich damit wie Sie Ihre telepathischen Fähigkeiten auch erfolgreich im Alltag einsetzen können.

KAPITEL V

DIE TIEFERE BEDEUTUNG

Dieses letzte Kapitel versucht, der Telepathie noch tiefer auf den Grund zu gehen. Vielleicht entscheiden Sie sich aber, dass dieses Thema nichts für Sie ist und Sie es vorziehen, Ihre Experimente auf der bisherigen Ebene fortzusetzen. Das ist völlig in Ordnung. Wiederholen Sie dann z. B. alle Versuche aus Kapitel IV mit einer anderen Person. Es kann sein, dass die Ergebnisse völlig anders ausfallen, da jeder Mensch unterschiedlich ist. Manche sind von Natur aus mehr aufeinander eingestimmt und müssen sich weniger konzentrieren und anstrengen, um positive Ergebnisse zu erzielen. Nur durch Experimentieren werden Sie entdecken, wer als Telepathiepartner am besten zu Ihnen passt.

Doch wie können Sie sich mit diesen fünf Karten und ihren Symbolen noch intensiver mit Telepathie beschäftigen? Was gibt es überhaupt noch zu entdecken? Ausgehend von den ursprünglichen fünf Symbolen werden Sie feststellen, dass es über die Bedeutung dieser Formen noch eine Menge zu lernen gibt. Was sie für uns persönlich bedeuten, was wir durch sie erfahren können und was sich auch positiv auf andere Lebensbereiche auswirken kann. Diese Symbole verschaffen einen Zugang zu höheren Gedankenebenen und Vorstellungen.

Sie benötigen für die folgende Übung etwas Ruhe und Zeit. Kurz vor dem Einschlafen wäre der ideale Zeitpunkt, da sich unsere Gehirnströme bei der Vorbereitung zum Schlaf oft verändern. Eine solche Veränderung eröffnet uns häufig andere Bewusstseinsebenen, wenn sie in die richtige Richtung geleitet wird. Nehmen Sie sich jedes Symbol einzeln vor und entdecken Sie, was Sie von jedem lernen können.

Nehmen Sie vor dem Schlafengehen eine Karte und legen Sie diese auf Ihr Kopfkissen oder auf Ihren Nachttisch. Wenn Sie dann ins Bett gehen, werfen Sie kurz einen Blick darauf. Entspannen Sie sich, nehmen Sie einen tiefen Atemzug und konzentrieren Sie sich auf die Bedeutung, die dieses Symbol für Sie hat.

DER KREIS

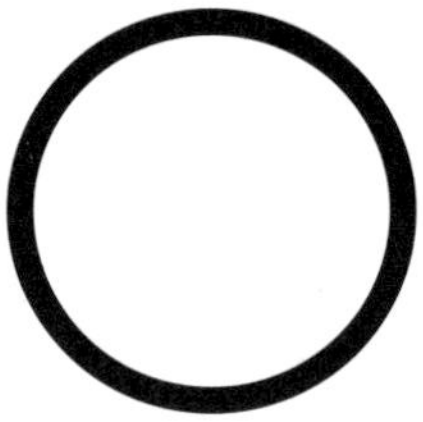

Was wird im Leben durch einen Kreis dargestellt? Sicherlich haben Sie bei Ihren bisherigen Übungen bereits reizvolle Ideen entwickelt: Der Kreis kann beispielsweise für den Erdball oder die Sonne stehen. Viele andere Planeten kreisen unablässig auf ihren Umlaufbahnen im All. Ein Kreis hat keinen Anfang und kein Ende. Er ist beständig.

Welche Beständigkeit und immer wiederkehrende Zyklen in Ihrem Leben gibt es? Empfinden Sie diese Bereiche als positiv oder erdrückend? Denken Sie an wiederkehrende Ereignisse und Situationen. Geben Ihnen diese Zyklen ein Gefühl der Erfüllung, oder sind Sie eher frustriert und verwirrt? Was schenkt Ihnen Trost in Ihrem Leben und gehört zu einem Zyklus von Ereignissen oder Umständen? Wer kontrolliert die Zyklen, die Sie belasten?

Machen Sie sich die Bereiche Ihres Lebens bewusst, die Ihnen wirklich große Freude und Sicherheit bieten, und seien Sie dafür dankbar. Denken Sie beim Einschlafen weiter an das Bild des Kreises. Halten Sie Papier und Bleistift bereit, damit Sie morgens beim Erwachen sofort die Gedanken niederschreiben können, die Ihnen in Verbindung mit dem Kreis in der Nacht eingefallen sind.

DAS QUADRAT

Das Quadrat steht oft für Stabilität, es ist eine sichere, wohlbekannte, gleichmäßige Form. Welche Bereiche Ihres Lebens geben Ihnen Sicherheit und Stabilität? Stecken Sie gerne Ihr Leben in unterschiedliche „Quadrate" ab, die Sie voneinander getrennt halten?

Ist Ihre Arbeit streng von Ihrem Privatleben getrennt? Ist es Ihnen lieber, wenn gewisse Lebensbereiche eigenständig sind oder wenn sich Teile dieser „Quadrate“ miteinander vermischen?

Wie steht es mit den weiteren „Quadraten“, die zu Ihnen gehören, aber noch ungeöffnet sind? Lassen Sie jetzt andere „Quadrate“ vor Ihrem geistigen Auge erscheinen. Was könnten diese enthalten, und wie könnten sie Ihr Leben bereichern?

Beenden Sie Ihre Meditation, indem Sie für die positiven „Quadrate“ in Ihrem Leben dankbar sind, die Ihnen Stabilität geben und Ihre persönlichen Bedürfnisse unterstützen. Behalten Sie das Bild des Quadrats beim Einschlafen fest in Erinnerung und schreiben Sie am nächsten Morgen alle Träume auf, die Ihnen wichtig erscheinen.

DER STERN

Legen Sie den Stern auf Ihr Kopfkissen. Haben Sie sich schon einmal die Zeit genommen, einfach nur in den Sternenhimmel hinaufzuschauen und sich dabei zu fragen, wie weit entfernt diese funkelnden Lichter entfernt sind? Was empfinden Sie bei dem Gedanken an Zeit und Raum?

Scheinen Ihnen bestimmte Lebensbereiche aus der eigenen Wirklichkeit entrückt? Gibt es Menschen oder Situationen, die Sie von sich fernhalten, weil Sie sich davor fürchten, ihnen zu nahe zu kommen? Was in Ihrem Leben scheint so weit von Ihnen entfernt zu sein, dass Sie davon überzeugt sind, dass es Ihnen niemals zu nahe kommen wird? Was hätten Sie gerne näher bei sich?

Konzentrieren Sie alle Wünsche auf einen bestimmten Stern und stellen Sie sich dann vor, wie er sich Ihnen nähert. Machen Sie sich bewusst, dass Sie auf der Welt von vielen Glückssternen umgeben sind, an die Sie sich jederzeit wenden können. Welche Sterne erstrahlen bereits hell um Sie herum, und welche geben Ihnen Kraft? Denken Sie beim Einschlafen an diese und stellen Sie sich viele helle, funkelnde Sterne um sich herum vor. Schreiben Sie beim Erwachen alles auf, was Sie in dieser Nacht geträumt haben und was Ihnen wichtig erscheint.

DIE WELLENLINIEN

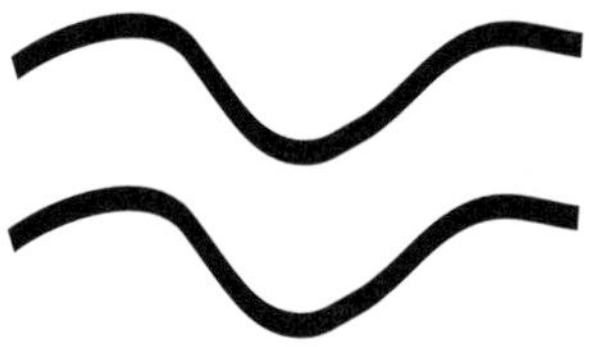

Die Form und Symmetrie der Wellenlinien stehen für das Fließen von Energien und für synchrone Abläufe. Gibt es in Ihrem Leben zwei Bereiche, die harmonisch nebeneinander bestehen? Stellen Sie sich zusätzliche Wellenlinien vor, falls mehrere Bereiche gut zusammenarbeiten.

Was in ihrem Leben gleicht Ihrer Meinung nach einem Strom, den Sie betrachen und der Ihnen Wohlbefinden bereitet? Welcher Ihrer Lebensbereiche schlägt zu hohe Wellen, und wo fließt Ihr Leben zu schnell dahin? Was empfinden Sie dabei? Welche Ihrer Lebensbereiche scheinen einen gleichmäßigen Fluss zu verweigern? Welche Blockaden verhindern das Fließen? Haben Sie diese „Dämme" selbst errichtet, oder waren es andere? Was können Sie tun, um diese Blockaden zu lösen und Ihr Leben in einen harmonischen Fluss zu bringen?

Seien Sie dankbar für alle Lebensbereiche, die frei fließen. Lassen Sie sich mit einem Gefühl von weichen, wogenden Wellen in den Schlaf sinken. Schreiben Sie beim Erwachen auf, was Sie während der Nacht erlebt haben.

DAS DREIECK

Das Dreieick stellt die drei Seiten Ihrer Existenz dar. Die meisten Dinge des Lebens sind dreidimensional und nicht flach. Haben Sie das Gefühl, dass Ihr Leben ein ganzes dreidimensionales Bild widerspiegelt? Glauben Sie, dass Sie allen Erfahrungen und Möglichkeiten begeistert und aufgeschlossen gegenüberstehen? Welche Ihrer Lebensbereiche scheinen dreidimensional zu sein?

Sind Teile Ihres Lebens flach und eindimensional? Was wäre nötig, um sie in dreidimensionale Erfahrungen umzuformen?

Wahrscheinlich kennen Sie den Ausspruch „Aller guten Dinge sind drei". Wo trifft dies in Ihrem Leben zu? Viele Dinge erscheinen oft dreifach, wie z. B. „Sonne, Mond und Sterne", „Lesen, Schreiben und Rechnen" oder eine „Dreiecksbeziehung". Wo in Ihrem Leben ist die Drei von Bedeutung? Wo fehlt sie?

Stellen Sie sich abschließend Ihr Leben als ein vollständiges dreidimensionales Bild vor, das alles enthält, was für ein erfülltes Dasein notwendig ist. Schlafen Sie mit diesem Bild ein. Lassen Sie das Dreieck mit Ihren Gedanken davongleiten. Notieren Sie beim Erwachen sofort alle wichtigen Themen, die in Ihren Träumen vorkamen.

Beginnen Sie zu verstehen, inwiefern diese Symbole für alle Lebensbereiche von Bedeutung sein können? Arbeiten Sie einige Wochen lang auf diese Weise mit den Symbolen. Freuen Sie sich über Ihre neuen Erkenntnisse. Schließen Sie Ihre Meditation immer mit positiven Bildern ab.

Falls Sie mit jemandem über Träume in Verbindung treten möchten, können Sie versuchen, sich abends oder nachts zu einer bestimmten Zeit gegenseitig positive Bilder oder Gedanken zu schicken. Achten Sie darauf, dass alles, was Sie senden, einen positiven Inhalt hat. Für viele Menschen ist das Arbeiten mit Träumen sehr wichtig, weil Körper und Geist in dieser Zeit so entspannt sind, dass bestimmte Energien frei fließen können.

Vielleicht meinen Sie, dass Ihre nächtliche Übung mit den Symbolen eigentlich keine Telepathie ist und nichts mit telepathischen Fähigkeiten zu tun hat. Im Grunde genommen bedeutet Telepathie aber nichts anderes, als Gedanken und Geist für andere, höhere Ebenen zu öffnen. Dabei benutzen Sie das, womit Sie geboren wurden (Ihr Gehirn) nur in einer etwas anderen Form, um Zugang zu neuen Informationen zu erhalten.

Durch die telepathische Arbeit offenbaren sich Ihnen plötzlich viele Ebenen. Sie beginnen, sich selbst und andere besser zu verstehen und mehr zu achten. Mitgefühl und Mitempfinden werden plötzlich natürliche Daseinszustände. Wahrscheinlich werden Sie durch die Versuche mit Ihrem Freund bemerken, dass Sie sich dabei näher gekommen sind. Sie sind jetzt mehr auf seine Empfindungen oder seinen Alltag eingespielt.

○□ ENTSPANNUNG DURCH TELEPATHIE ☆ ≈

Sie sind gerade dabei, eine Verbindung zueinander zu entwickeln, die Ihre Beziehung sehr positiv beeinflussen wird. Allmählich werden Sie bemerken, dass jeder Mensch grundsätzlich seine eigene Energie und sein eigenes Empfindungsvermögen besitzt. Auch Tiere, die Pflanzenwelt und alle übrigen Formen der Natur besitzen diese Energien. Selbst unbeseelte Objekte verfügen über eine eindeutige Energie, mit der Sie eine telepathische Verbindung aufbauen können.

Haben Sie z. B. Ihre Lieblingsuhr oder Ihren Lieblingsstift verloren? Entspannen Sie sich kurz und ordnen Sie ihre Gedanken. Konzentrieren Sie sich auf den Gegenstand, den Sie verloren haben. Wo ist er jetzt? Vertrauen Sie darauf, dass es diese Energie gibt und Sie sich auf sie einstimmen können, wenn Sie sich etwas Zeit dafür nehmen und üben.

Telepathie ist die Grundlage, von der aus Sie Ihre Gedanken weiter entwickeln können. Wiederholen Sie ein paar Übungen und tauschen Sie sich darüber mit so vielen Menschen wie nur möglich aus. Freuen Sie sich über Ihre Experimente und machen Sie sich keine Sorgen, wenn Sie nicht immer die gleiche Trefferquote erzielen. Nutzen Sie Ihre Vorstellungskraft und erfinden Sie Ihre eigenen telepathischen Übungen.

Wie Sie bereits bemerkt haben, gehören auch leere Karten zu der Ausrüstung. Dies sind Ihre eigenen Karten, die Sie so benutzen können, wie Sie es wollen. Hierfür gibt es keine Anleitungen oder Gebrauchsanweisungen, weil sie als Ihre persönlichen Hilfsmittel gedacht sind. Sie können Ihre eigenen Bilder darauf malen und anschließend allein oder zu zweit damit üben. Welche anderen Lebensbereiche lassen sich mit den von Ihnen gemalten, neuen Bildern entdecken und tiefer erforschen? Sie können Ihre persönlichen Gedanken auch für sich behalten, wenn Sie es möchten. Es ist völlig in Ordnung, wenn Telepathie eine individuelle Erfahrung bleibt, die Sie für sich behalten. Achten Sie jedoch bei allen Versuchen darauf, dass Sie sie entspannt beenden und für alle positiven Aspekte Ihres Lebens dankbar sind.

Wenn Sie sich an Ihren Telepathiekarten erfreuen, sowohl an den gedruckten als auch an den von Ihnen selbst gemalten, vergessen Sie nicht, dieses Gefühl von Freude und Spaß auch auf andere Bereiche des Lebens zu übertragen. Alles im Leben lässt sich mit einem aufgeschlossenen und wissbegierigen Geist erforschen. Nichts sollte Sie stetige Mühe und Anstrengung kosten. Genießen Sie es, Ihr Wissen mit anderen zu teilen. Während Sie sich entspannen und mit Telepathie experimentieren, nehmen Sie sich etwas Zeit und denken Sie daran, dass Sie alle Bereiche Ihres Lebens mit Freiheit und Spaß erfüllen können!